AF297872

Nº 72. PÉTITION

A MESSIEURS LES MEMBRES

DE LA

CHAMBRE DES DÉPUTÉS.

Demande, par M. le comte DE SAUR, de l'exécution de la loi du 1er mars 1819, et d'un arrêt de la Cour de cassation, du 12 février 1835, qui lui assurent une pension sénatoriale de 12,000 fr., à partir du 14 février 1828, jour de la mort de son père, ancien Sénateur.

M. le marquis de SAINT-AULAIRE, Rapporteur.

PARIS

IMPRIMERIE DE GUSTAVE GRATIOT

11, RUE DE LA MONNAIE.

1845

[illegible]

[illegible]

[illegible]

[illegible]

[illegible]

PÉTITION

A MESSIEURS LES MEMBRES

DE LA CHAMBRE DES DÉPUTÉS.

Demande, par M. le comte DE SAUR, de l'exécution de la loi du 1er mars 1819, et d'un arrêt de la Cour de cassation, du 12 février 1835, qui lui assurent une pension sénatoriale et transactionnelle de 12,000 fr., à partir du 14 avril 1828, jour de la mort de son père, ancien Sénateur.

M. le marquis de Saint-Aulaire, rapporteur.

MESSIEURS,

Sous le poids d'une violation de loi qui me frustre d'une pension sénatoriale et transactionnelle de 12,000 fr. depuis le 14 avril 1828, jour de la mort de mon père, ancien sénateur, je prends la respectueuse liberté de vous exposer les motifs de ma juste plainte et de vous supplier d'ordonner, par le renvoi de la présente à M. le Ministre des Finances, que justice me soit rendue et que l'omission qui me prive de cette pension soit réparée; pension dont tous les fils aînés des anciens sénateurs dont les pères sont décédés avant la loi du 28 mai 1829, jouissent tous indistinctement et dont je suis *seul* injustement frustré.

L'ordonnance du 4 juin 1814, annexe corollaire de la Charte, et la loi du 8 novembre 1814, assuraient irrévocablement, irréductiblement et indistinctement à tous les anciens sénateurs nés Français ou ayant obtenu du Roi et des deux Chambres de grandes lettres de naturalisation, 36,000 fr. de traitement leur vie durant.

Mon père a obtenu du roi et des chambres, dès le 11 octobre

1.

1814, ces grandes lettres de naturalisation qui le déclarent *natu-rel sujet* ET RÉGNICOLE (Voyez le Bulletin des Lois ci-joint du 20 novembre 1814). Il a obtenu ces lettres en récompense des services éminents qu'il avait rendus à la France, et comme administrateur général et comme président des quatre ex-départements du Rhin depuis 1796, époque à laquelle il a sacrifié en cette qualité la majeure partie de sa fortune (1) pour nourrir à ses frais, pendant six semaines, l'armée de Sambre-et-Meuse, composée de 80,000 hommes, et comme membre du corps législatif depuis 1798 jusqu'en 1803, époque à laquelle il fut nommé membre du Sénat conservateur, chambre où il siégea en qualité de sénateur jusqu'aux événements de 1814.

Jusqu'aux Cent jours de 1815, l'ordonnance du 4 juin 1814 et la loi du 8 novembre suivant, furent exécutées envers lui et tous les anciens sénateurs, qui recevaient indistinctement leurs 36,000 fr. qui leur étaient constitutionnellement assurés.

Depuis juillet 1815 jusqu'en juillet 1818, tous les titulaires ex-sénateurs ont consenti à se réduire volontairement, pendant ces trois années de calamités, à 24,000 fr. pour soulager les charges de l'État ; leur acquiescement à cette réduction momentanée, quoiqu'elle frappât alors au taux du tiers du traitement tous les fonctionnaires et la liste civile même, a été néanmoins indispensable pour eux, attendu que le Sénat était propriétaire et possédait environ six millions de revenu annuel, tant en rentes sur l'État qu'en biens fonds immeubles ; revenu indépendant des contribuables et des charges de l'État, créé en majeure partie par tous les pays étrangers réunis momentanément à la France, qui avaient fourni des représentants au Sénat.

Les quatre ex-départements du Rhin, dont le comte de Saur, mon père, a été le représentant au Sénat, ont seuls fourni, pour leur quote-part, 444,449 fr. 48 c. de rentes en immeubles vendus en 1805, sur la proposition du comte de Saur, à la caisse d'amortissement, moyennant le prix de 795,909 fr. 44 c. de rente 5 pour 100 ; caisse qui à son tour a revendu ces mêmes propriétés en 1807, sur enchères avec un immense bénéfice ; 795,909 fr. 44 c. de rente réunis aujourd'hui au domaine de l'État depuis

---

(1) Avances que l'Etat ne lui a jamais remboursées. (Voir le *Moniteur* du 18 décembre 1814.)

le 1ᵉʳ janvier 1830, en vertu de la loi du 28 mai 1829 ; ainsi c'est donc à la prudence et à la prévoyance du comte de Saur, mon père, que la France doit seule la conservation de cet immense revenu, qui aurait été infailliblement perdu pour elle aux événements de 1814, si leSénat ne les avait cédés à la caisse d'amortissement, et si cette caisse ne les avait point revendus sept années auparavant.

Ci-joints les contrats de vente du Sénat et de revente de la caisse d'amortissement.

En juillet 1818, la liste civile et tous les fonctionnaires en général rentrèrent dans la totalité de leur traitement primitif et intégral attaché à chaque service.

Les sénateurs demandèrent naturellement aussi à double titre, et comme propriétaires et comme fonctionnaires, leurs 36,000 fr. Mais alors on fut forcé de convenir qu'on avait abusé du sacrifice volontaire qu'ils avaient fait chacun de 12,000 fr. par an pendant ces trois années, de 1815 à 1818, pour doter des créatures du bon plaisir, des produits de cette renonciation momentanée, au lieu de s'en être servi, comme les sénateurs l'entendaient, à soulager les charges de l'État, abus de confiance plus que révoltant et dont tous les anciens sénateurs furent justement indignés.

MM. Boissy-d'Anglas et Lanjuinais furent chargés par tous leurs anciens collègues au Sénat, *Pairs et non Pairs*, de dévoiler à la tribune de la Chambre des Pairs ce manque de bonne foi.

M. le marquis de Sémonville, grand référendaire d'alors, fut chargé, au nom des ex-sénateurs, de porter leur plainte unanime au pied du trône de Louis XVIII.

Pour rétablir l'ordre constitutionnel, il s'agissait de deux choses l'une : ou de retirer à ceux, au nombre de quatre-vingt-quatorze, à qui on avait inconstitutionnellement accordé des pensions de 12,000 fr., au détriment des anciens sénateurs, ou de dédommager ces anciens sénateurs de cette retenue de 12,000 fr. en opposition avec la Charte de 1814 et la loi du 8 novembre suivant.

Louis XVIII, appréciant cette fausse position dans laquelle on s'était imprudemment mis, fit proposer, par le grand référendaire, aux anciens sénateurs, de les dédommager de cette retenue en assurant à leurs fils aînés, à dater du jour du décès de leurs pères, indistinctement *Pairs et non Pairs*, une pension viagère de 12,000 fr., leur vie durant, à titre de transaction et comme compensation de cette retenue de 12,000 fr. opérée sur leurs 36,000 fr. Cette proposition fut acceptée par MM. les anciens sénateurs (voyez les lettres, pages 10, 11 et 12), et, le 1er mars 1819, Louis XVIII rendit la décision dont copie ci-jointe (page 26), déposée par M. le marquis de Sémonville, grand référendaire honoraire alors, chez M. Tripier, rapporteur à la Cour de cassation, le 12 février 1835, dans ma juste réclamation sénatoriale ; décision par laquelle il réalisa *irrévocablement* la transaction dont il s'agit, comme on peut s'en convaincre. Je réclamais devant cette cour suprême, le 12 février 1835, 256,000 fr. d'arrérages, comme fils unique, sur le pied de 36,000 fr. que l'on devait à mon père, et cette cour, par son arrêt du 12 février 1835, en me déboutant de cette réclamation, se fonda et m'appliqua la transaction purement sénatoriale du 1er mars 1819, qui m'assure irrévocablement 12,000 fr. de pension viagère, et compensatoire de cette retenue de 12,000 fr. opérée sur mon père pendant quatorze années, depuis le 14 avril 1828, jour de sa mort, en déclarant par son arrêt (voy. la consultation qui le renferme, page 27), cette décision du 1er mars 1819, *la loi des tribunaux, comme ayant été rendue dans les limites des pouvoirs attribués au roi par la charte de 1814, et comme ayant été maintenue et confirmée par la loi du 28 mai* 1829 ; décision dont M. le marquis de Sémonville m'avait donné connaissance à l'époque des premiers jours de mars 1819, comme on peut s'en convaincre, et par la pétition que feu mon père a adressée le 29 mars 1819 à la Chambre des Députés (M. le prince de Broglie, rapporteur. Voy. page 24), et par la lettre que j'ai adressée à M. le marquis de Sémonville, le 26 février 1839 (1), par laquelle je lui rappelle cette communication et le texte de ladite décision, et par sa réponse datée du 4 mars 1839, à ladite lettre ; réponse timbrée par la *poste, du 4 mars* 1839, et *enregistrée au conseil d'État*, et imprimée avec l'agrément de M. de Sémonville, et *de son vivant*, comme on peut encore s'en convaincre (cesdites lettres sont déposées en original entre les mains de M. le rapporteur). Ainsi, Messieurs, voilà la preuve *la plus évidente et la plus irrécusable* qu'il soit possible de produire, pour constater le texte transactionnel de la décision du 1er mars 1819 ; puisque cette preuve émane de celui même qui l'avait *provoquée* au

____

(1) Voyez page 35.

1er mars 1819, comme grand référendaire, et qui en avait été le dépositaire comme *seul chargé*, jusqu'à la fin de ses jours, comme ancien sénateur lui-même, des intérêts sénatoriaux; intérêts qui n'avaient rien de commun avec ceux de la pairie. Voilà pourquoi, Messieurs, cette décision ne se trouve point aux archives de la Chambre des Pairs ! Décision purement sénatoriale, dont le texte se trouve également et dans la circulaire du 18 mars 1819, adressée par M. de Sémonville à MM. Boissy-d'Anglas et Lanjuinais, et certifiée et sanctionnée dans toute sa teneur par M. le marquis de Jaucourt, le 12 mai 1840, et plus encore, ce qui dispense de tout autre recherche à ce sujet *dans les exposés des motifs mêmes de la loi du* 28 *mai* 1829, du ministre des finances d'alors, ainsi que dans le rapport fait à la Chambre des Députés de la commission de 1828, dont M. Lepelletier d'Aulnay a été le rapporteur. (Voyez pages 20 et 21).

Messieurs, depuis le 12 février 1835, je suis en instance permanente au ministère des finances pour obtenir l'inscription de la pension de 12,000 fr. et ses arrérages qui me sont si *irrévocablement* et si *souverainement* assurés par la première cour du royaume, sans que j'aie pu obtenir justice jusqu'à ce jour.

Sous le ministère de M. Passy, on m'opposait que la minute de la décision du 1er mars 1819 avait disparu depuis le 12 février 1835, et on se fondait sur cette disparition pour me refuser l'inscription de la pension de 12,000 fr.; que cette décision (non seulement visée par l'arrêt de la Cour de cassation du 12 février 1835, mais déclarée par le même arrêt, *la loi des tribunaux, comme ayant été maintenue et confirmée par la loi du* 28 *mai* 1829) m'assure si irrévocablement. Je me suis pourvu contre ce refus ministériel devant le conseil d'État.

Dans cet intervalle, M. Passy fut remplacé en 1840 par M. le comte Pelet de la Lozère, qui, heureusement pour moi, avait fait lui-même partie comme député en 1828, avec M. le général comte de Thiard, de la commission chargée d'examiner le projet de loi sur la dotation du sénat; commission à laquelle *la minute* de la décision transactionnelle du 1er mars 1819, fut communiquée par le ministre des finances d'alors, comme on peut s'en convaincre par la lecture de la lettre ci-jointe de M. le général comte de Thiard.

A Monsieur le comte de Saur.

« J'ai lu, Monsieur le comte, avec toute l'attention que méritait le nom du signataire, la consultation que vous m'avez fait l'honneur de m'adresser.

« Je faisais partie de la commission chargée, par la Chambre, en 1828, d'examiner le projet de loi relatif à la dotation du Sénat, et si ma mémoire ne me trompe pas, je crois pouvoir vous assurer que, dans la discussion qui eut lieu au sein de la commission, le ministre des finances d'alors s'est appuyé *uniquement sur la décision transactionnelle et purement sénatoriale du 1er mars 1819*, qu'il nous a produite *en minute*, pour motiver *légalement* la réduction du traitement sénatorial de 36 à 24,000 fr., et pour justifier par des preuves, aux yeux de la Chambre, la transmission d'une pension de 12,000 fr. aux fils aînés des anciens sénateurs *et indistinctement pour tous*.

« Si mon témoignage, joint à ceux que vous avez recueillis, et qui sont unanimes en votre faveur, peut cependant vous paraître utile, je me fais un plaisir de vous laisser pleine liberté de communiquer cette lettre *à qui de droit*.

« Une attestation plus puissante aujourd'hui que la mienne serait celle de M. le baron Pelet; comme moi il faisait partie de la commission de 1828, et les sentiments de loyauté et de sévère justice que chacun lui reconnaît vous sont un sûr garant que, dans cette circonstance, il mettra de côté son titre de ministre pour rendre, ainsi que moi, un juste hommage à la vérité, en constatant un fait que je m'étonne de voir dénier, et que les pouvoirs législatifs ont si souvent sanctionné.

« Je pense donc, Monsieur le comte, que vous n'avez rien à redouter de la décision du conseil d'État, et que vous pourrez en toute confiance vous adresser à lui.

« J'ai, etc.

« *Signé* général THIARD.

Paris, 15 septembre 1840.

« Pour copie conforme :

« Le comte DE SAUR. »

Le 24 février 1840, M. Girod de l'Ain, vice-président du conseil d'État et président du comité du contentieux, écrivit la lettre suivante à M. le comte Pelet de la Lozère, ministre des finances,

tant en son nom qu'au nom *des membres du comité du contentieux :*

MINISTÈRE DES FINANCES.

DIRECTION DE LA DETTE INSCRITE.

Paris, le 24 février 1840.

Monsieur le Ministre des Finances,

Le comte de Saur, ancien maître des requêtes au conseil d'État,
a présenté requête au roi, en son conseil d'État, contre une décision de votre prédécesseur, du 4 mai 1839, qui a rejeté sa demande tendant à être inscrit au Trésor pour une pension de
12,000 fr. comme fils d'un ancien sénateur.

Le comité du contentieux a désiré, avant de statuer, avoir sous
les yeux la décision du 1ᵉʳ mars 1819, *visée dans l'arrêt de la
Cour de cassation du 12 février 1835 et relatée dans le rapport
fait à la Chambre des Pairs par M. le marquis de Belbeuf.* Le
comité pense que cette décision doit se trouver dans les archives
de l'ancienne Liste civile, il vous invite à faire faire toutes les
nouvelles recherches que vous jugerez nécessaires pour vous la
procurer. Pour les faciliter, j'ai l'honneur de vous adresser le
dossier de cette affaire, que je vous prie de me renvoyer avec la
pièce demandée.

Agréez, etc.

Le Pair de France, vice-président du Conseil d'État,
Signé baron GIROD (de l'Ain).

Pour copie conforme :
Le chef de la section des pensions,
Signé HURÉ.

Ainsi, on voit par cette lettre que M. le vice-président du conseil
d'État convient lui-même, avec les membres du contentieux, que
la décision transactionnelle du 1ᵉʳ mars 1819, *visée dans l'arrêt
de la Cour de cassation du 12 février 1835, et relatée dans le rapport fait à la Chambre des Pairs par M. le marquis de Belbeuf,* le
2 août 1839, ne peut être niée ni mise en doute, et que cette décision transactionnelle doit être entre les mains du gouvernement
auquel il appartient *seul* de la produire. M. le comte Pelet de la
Lozère, conformément à cette invitation, et ne pouvant reproduire

la minute de la décision du 1er mars 1819, qui avait disparu depuis le 12 février 1835, époque à laquelle elle a été produite *en minute* par M. de Sémonville, grand référendaire honoraire alors, M. le comte Pelet, dis-je, qui avait été lui-même membre de la commission de la Chambre des Députés avec M. le général de Thiard en 1828; commission chargée d'examiner le projet de loi sur la dotation du Sénat; commission à laquelle le ministre des finances d'alors avait aussi produit *la minute* de ladite décision du 1er mars 1819, la fit rétablir par *enquête ministérielle* par MM. les anciens sénateurs eux-mêmes, qui l'avaient provoquée, et qui y avaient donné leur assentiment au 1er mars 1819. Tel que M. le marquis de Jaucourt (voyez leurs lettres, pages 11, 12 et 13). Cette enquête obtenue, qui rétablit intégralement et les motifs, le contenu et le texte de la décision transactionnelle et purement sénatoriale du 1er mars 1819, M. le comte Pelet, en l'adressant à M. Girod (de l'Ain), fit plus par sa lettre d'envoi, en déclarant à M. Girod (de l'Ain) que l'enquête qu'il a établie a eu pour résultat de *confirmer pleinement l'exactitude des faits relatés* dans la circulaire ci-après, adressée par M. le marquis de Sémonville à MM. Boissy-d'Anglas et Lanjuinais, renfermant, comme on peut s'en convaincre, le texte transactionnel de la décision du 1er mars 1819.

Copie exacte de la circulaire adressée le 18 mars 1819, par M. le marquis de Sémonville, grand référendaire de la Chambre des Pairs, à MM. les comtes Boissy-d'Anglas et Lanjuinais.

Monsieur et cher collègue,

J'ai l'honneur de vous informer que le roi vient d'arrêter, le 1er de ce mois, sur la proposition de M. le président du conseil des ministres, une décision provoquée par la réclamation réitérée de MM. les anciens sénateurs, qui demandent unanimement, depuis juillet dernier, d'être remis en possession de leur traitement de 36,000 fr., en vertu de l'ordonnance du 4 juin 1814; traitement qui n'avait été réduit à 24,000 fr. en 1815, qu'avec leur adhésion, comme vous ne l'ignorez pas, c'est-à-dire pour trois années, de juillet 1815 à juillet 1818.

Cette décision du roi, contre-signée par M. le marquis Dessolles, fixe le traitement sénatorial pour l'avenir à 24,000 fr.

(Vu des circonstances qui touchent de trop près les intérêts d'un trop grand nombre de nos collègues à la Chambre des Pairs, et la main à laquelle ils doivent de si grands bienfaits); pour ne pas nous interdire toute observation sur son contenu, et d'autant plus que cette décision assure à tous les fils aînés de MM. les anciens sénateurs, *indistinctement,* en compensation de cette retenue opérée sur les 36,000 fr. dus à leurs pères, *une survivance viagère de* 12,000 *fr., à dater du jour du décès de leurs pères titulaires,* EX-SÉNATEURS.

J'ose espérer, Monsieur le comte, que cette décision du roi, que je n'ai d'ailleurs provoquée par l'organe de M. le président du conseil des Ministres, qu'après avoir préalablement consulté sur son contenu la majeure partie de messieurs les anciens sénateurs, doit d'autant plus vous être agréable, que vous avez un fils, et qu'elle vous assure ainsi un avantage compensatoire et de famille pour cette retenue, que tous nos anciens collègues au Sénat, tels que moi entre autres, sans enfants, ou n'ayant que des filles, n'ont point; survivance que l'ordonnance du 4 juin 1814, ni la loi du 8 novembre suivant, ne vous avaient point promise.

Paris, 18 mars 1819.

signé : SÉMONVILLE.

Lettre de M. de Jaucourt à M. le ministre des finances, confirmant pleinement l'exactitude de la circulaire du 18 mars 1819.

Monsieur le Ministre,

Je regrette, dans l'intérêt de M. le comte de Saur, que M. le marquis de Sémonville ne puisse plus attester des faits dont il avait une parfaite connaissance, et dont aujourd'hui le souvenir est très éloigné et les témoignages fort fugitifs. Ce que je puis dire, parce que j'en ai conservé la mémoire, c'est que M. le grand référendaire s'entendit avec plusieurs sénateurs, *au nombre desquels* J'ÉTAIS, sur le sacrifice à faire d'une portion de leur traitement; *ce don,* car il me semble qu'il fut ainsi qualifié, attendu qu'il était *volontaire,* fut fixé au tiers du traitement, c'est-à-dire douze mille francs par an. Lorsque le retranchement qui avait été opéré sur tous les traitements et sur la liste civile même eut cessé, les sénateurs s'émurent pour rentrer dans l'intégralité de leur traitement, c'est-à-dire les trente-six mille francs qu'ils recevaient précédemment. On fit entendre à plusieurs d'entre eux qu'il se présentait des difficultés, mais qu'en disposant à l'avenir d'une survivance viagère de 12,000 fr., en faveur de leurs fils aînés, on ferait une chose favorable à l'intérêt des pères de famille et très convenable pour l'existence de la pairie héréditaire. Ces considérations ne me touchaient pas personnellement, mais elles intéressaient beaucoup de mes amis, et je déclarai à mon ancien et digne ami, le comte Boissy-d'Anglas, qui vint me voir à cette occasion, que je n'y apporterais aucune opposition, et que je l'autorisais à dire que j'y donnais *mon assentiment.*

Monsieur le comte de Saur, père du réclamant, était sénateur ; monsieur son fils existait, et pour ma part je penserais qu'il *a droit* à faire valoir le bénéfice qui résulte pour lui de l'ordonnance dont on relate la date *au* 1ᵉʳ *mars* 1819.

Je réponds d'une manière bien vague et bien insuffisante à la lettre que vous me faites l'honneur de m'adresser ; mais, depuis le jour où j'ai causé à ce sujet avec le comte Boissy-d'Anglas, je ne crois pas y avoir pensé, et ce jour-là même, s'il m'est permis de le dire, je ne m'en occupai qu'en ce qui touchait à la dignité de la pairie, à l'intérêt de mes collègues sénateurs et pères de famille, et pas du tout au mien.

Daignez agréer, etc.

Paris, 12 mai 1840.

Signé : JAUCOURT,

Ancien sénateur et pair de France (premier ministre de Louis XVIII, en 1814).

MINISTÈRE DES FINANCES.

DIRECTION DE LA DETTE INSCRITE.

—

Section des Pensions.

Réponse de M. le comte Pelet de la Lozère à M. Girod (de l'Ain), pair de France, vice-président du Conseil d'État.

Paris, le 6 juin 1840.

Monsieur le président et cher collègue,

Vous m'avez fait connaître, le 24 février dernier, qu'avant de statuer sur la requête présentée par M. le comte de Saur, contre une décision de mon prédécesseur du 4 mai 1839, le comité du contentieux du conseil d'État, désirait qu'il fût fait les recherches nécessaires pour se procurer la décision du 1er mars 1819, visée dans *l'arrêt de la Cour de cassation du 12 février* 1835, et relatée dans le rapport fait à la Chambre des Pairs par M. le marquis de Belbeuf.

D'après les indications qui m'étaient données par le dossier de l'affaire, je me suis adressé pour obtenir des renseignements au sujet de cette décision, à M. Lingay, qui m'avait été désigné comme ayant rempli en 1819 les fonctions de secrétaire de la présidence du conseil des Ministres, et à M. Gay, ancien secrétaire de M. le marquis de Sémonville ; j'ai également écrit à M. le Ministre des affaires étrangères dont le département possédait à la même époque la présidence du conseil, ainsi qu'à M. l'intendant général de la liste civile, pour les prier de faire faire des recherches dans les archives placées sous leurs ordres ; et j'ai enfin consulté de nouveau M. le duc Decazes sur l'exécution qu'aurait reçue la décision invoquée.

Ainsi que vous le verrez par les réponses qui m'ont été faites, et que je vous transmets ci-jointes pour être mises sous les yeux du comité du contentieux, toutes ces démarches sont demeurées infructueuses. Mais dans l'intervalle, M. le comte de Saur m'a fait parvenir la copie d'une lettre écrite, le 18 mars 1819, à messieurs les anciens sénateurs Boissy-d'Anglas et Lanjuinais, par M. de Sémonville, et dans laquelle il est fait mention, sous la date du 1er dudit mois de mars, de la disposition *transactionnelle* dont le requérant réclame aujourd'hui le bénéfice. Sur la demande que m'en a faite M. de Saur, j'ai communiqué cette pièce à M. le marquis de Jaucourt, dont la réponse, en date du 12 mai dernier, est venue *confirmer* PLEINEMENT *l'exactitude des faits qui y sont relatés.*

J'ai l'honneur de vous adresser, avec la copie de lettre aussi produite, la pétition par laquelle M. de Saur m'en a fait l'envoi, et la réponse de M. de Jaucourt. Je joins en outre à ces divers documents la requête et le dossier qui accompagnaient votre lettre du 24 février.

Agréez, etc.

Le pair de France Ministre secrétaire d'État des finances,

Signé : Pelet de la Lozère.

Ainsi, on voit par la circulaire et les lettres précédentes que cet ex-ministre des finances, dont les sentiments d'honneur, de justice et de loyauté sont si universellement reconnus et appréciés, donne *son désistement* en ma faveur au Conseil d'État.

Dans cette position, je devais être naturellement dans la sécurité la plus parfaite et la plus légitime en attendant l'arrêt du Conseil d'État.

Or, qu'a-t-il fait ? Il a d'abord passé sous le silence le plus absolu l'arrêt de la Cour de cassation du 12 février 1835, qui a visé, en me l'appliquant, la décision transactionnelle du 1er mars 1819, qu'elle déclare *la loi des tribunaux*, arrêt sur lequel ma requête adressée à ce conseil était *seule fondée*. Il fait encore plus, il passe également sous le silence le plus absolu les déclarations du gouvernement faites aux chambres en 1828 et 1829, qui renferment le texte de cette transaction, ainsi que l'imposante enquête ministérielle qui rétablit, comme on le voit par les lettres précitées, dans toute sa teneur, le texte de ladite décision transactionnelle du 1er mars 1819.

Et comme si ce n'était pas assez, il a détruit *son propre jugement* renfermé, comme on le voit, dans la lettre précitée de M. Girod (de l'Ain), qui déclare, au *nom du comité du contentieux* (1), à M. le comte Pelet de la Lozère, ministre des finances alors, que c'est au gouvernement *seul* qu'il appartient de produire la décision transactionnelle du 1er mars 1819, *visée par la Cour de cassation, le 12 février 1835*, et également *visée par la Chambre des Pairs, le 2 août* 1839. En effet, et sans m'opposer aucune fin de non-recevoir, il finit par déclarer que *c'est à moi, simple particulier*, qu'il appartient de fournir *la minute* de la décision du 1er mars 1819.

Cedit arrêt du Conseil d'État fut rendu peu de temps avant la mort de M. Humann, décédé ministre des finances. Ce dernier fut remplacé, comme on le sait, par M. Lacave-Laplagne, aujourd'hui encore ministre des finances. Ce ministre me promit d'exa-

---

(1) Ce comité rédige seul les ordonnances du Conseil d'État en matière contentieuse, ordonnances presque toujours préparées d'avance par ledit comité et avant la plaidoirie des avocats des parties devant le Conseil d'État. Comme on peut s'en convaincre par la lettre précitée, page 9, de M. Girod (de l'Ain), qui dit « *avant que de statuer*, » plaidoiries qui, en pareille matière, ne sont qu'un objet de forme.

miner lui-même de nouveau mon dossier et d'appeler dans son cabinet, à cet effet, M. le général comte de Thiard ; ce qu'il fit en effet. Ce vénérable député déclara à M. Lacave-Laplagne, de vive voix, tout ce que sa lettre précitée (page n° 8), du 15 septembre 1840, renfermait. C'est-à-dire que la *minute* de la décision transactionnelle du 1er mars 1819 avait été produite à la commission de 1828 par le Ministre des finances *lui-même*. Enfin, il lui répéta que cette transaction avait *seule* décidé la commission et la Chambre des Députés à adopter la réduction transactionnelle du traitement sénatorial (vu cette compensation) de 36,000 fr. à 24,000 fr. M. Lacave-Laplagne lui promit qu'il me rendrait justice, comme on peut s'en convaincre par la lettre suivante, que M. le général comte de Thiard a eu la bonté de m'écrire le surlendemain de son entrevue avec ce ministre.

Voici sa lettre :

« J'ai l'honneur de prévenir M. le comte de Saur que j'ai eu
« avant-hier, au sujet de son affaire, un assez long entretien avec
« M. le Ministre des finances, et que j'ai lieu de penser que cet
« entretien aura des résultats heureux pour sa demande. Je me
« félicite d'avoir trouvé une occasion de faire une chose qui lui
« soit agréable, et ai l'honneur, etc., etc.

Paris, 25 août 1842.

Signé : Général THIARD. »

Depuis cette époque, j'attendais encore avec sécurité, de jour en jour, et mon inscription de pension et la liquidation de ses arrérages ; mais, après quelques temps d'attente et d'hésitation de la part de M. Lacave-Laplagne, ce ministre finit par m'écrire, le 2 septembre 1842, la lettre suivante :

MINISTÈRE DES FINANCES.

DIRECTION DE LA DETTE INSCRITE.

—

Section des Pensions.

Demande par M. le comte DE SAUR *d'une pension de 12,000 fr.,
en qualité de fils d'ancien sénateur.*

Paris, le 2 septembre 1842.

Monsieur le comte, vous m'avez fait parvenir dans ces derniers mois plusieurs notes et documents ayant pour objet de provoquer de ma part un nouvel examen de vos réclamations relatives à la pension de 12,000 fr. que vous pensez vous être due en qualité de fils d'un ancien sénateur.

Ainsi que vous le rappelez par votre lettre du 28 août, ces réclamations ont leur appui sur une décision royale du 1er mars 1819 qui, en vue de compenser pour les ex-sénateurs le dommage résultant de la réduction de leurs traitements à 24,000 fr., aurait assuré à leurs fils aînés, sur ces mêmes pensions, une réversibilité viagère de 12,000 fr. Or, je vais vous faire connaître quelle est, après une lecture attentive de toutes les pièces qui se rattachent à cette affaire, l'opinion que je me suis formée sur ce point.

L'arrêt de la Cour de cassation du 12 février 1835, qui vous a déclaré non-recevable, quant aux arrérages que vous vous étiez cru fondé à répéter pour la somme différentielle non payée à monsieur votre père sur son traitement sénatorial, a, en effet, visé deux décisions royales *des 1er mars* 1819 et 3 décembre 1823, comme ayant réglé la position de messieurs les sénateurs. La Cour a considéré ces décisions comme maintenues par la loi du 28 mai 1829, et comme faisant par cela même la loi des Tribunaux. Celle du 3 décembre est connue et produite : les dispositions ne vous en sont point applicables. A l'égard de la décision du 1er mars 1819, le visa dont elle est l'objet dans l'arrêt précité ne laisse assurément aucun doute sur son existence, et cette existence me paraît de plus confirmée, tant par les témoignages honorables que vous vous êtes procurés que par ceux que l'administration elle-même a recueillis. Mais, malgré les recherches multipliées qui ont été faites, elle n'a pu être retrouvée, et il est dès lors impossible d'en apprécier les termes ni la portée.

Déjà, c'est en se fondant sur l'absence de ce document que, par une décision du 19 avril 1839, l'un de mes prédécesseurs a donné son approbation à un avis du comité des finances qui concluait au rejet de votre demande. Depuis, vous vous êtes pourvu contre ce rejet, et un arrêt du Conseil d'Etat du 28 janvier 1841, a également repoussé votre requête. Attendu, entre autres considérations, que vous ne produisiez aucune décision ou ordonnance qui ait assuré aux fils aînés des anciens sénateurs qui n'ont pas été élevés à la dignité de pairs, la survivance d'une pension de 12,000 fr. En présence de ce double refus, le gouvernement se trouve, je le répète, dans l'impossibilité de vous admettre au bénéfice d'une décision dont il n'a aucun moyen d'apprécier l'intention ni les conditions. J'ai donc le regret d'avoir à vous annoncer que, dans une telle situation, il ne saurait m'appartenir de vous faire accorder la pension que vous sollicitez.

Agréez, etc.

Le ministre secrétaire d'État des finances,

Signé LAPLAGNE.

P. S. J'apprécie tout ce que votre position mérite d'intérêt, et j'aurais vivement désiré, monsieur le comte, qu'il me fût possible de prendre une décision qui vous fût plus favorable. Mais les choses ne sont plus entières, et j'engagerais gravement ma responsabilité en m'écartant de la ligne tracée par mes prédécesseurs et le Conseil d'État.

Signé LAPLAGNE.

Ainsi, le ministre reconnaît : 1° Que la Cour de cassation a visé les deux décisions du 1er mars 1819 et 3 décembre 1833, *comme ayant* réglé la position des sénateurs.

2° Que ce visa ne laisse aucun doute sur l'existence des pièces visées.

3° Que cette existence est d'ailleurs démontrée par tous les témoignages honorables qui l'affirment.

S'il en est ainsi, mon droit doit donc être proclamé, justice va donc enfin m'être rendue !

Erreur, ma demande est repoussée ! elle est repoussée parce que la décision s'est égarée dans les archives ou ailleurs, et parce que l'absence de cette pièce ne permet pas d'en apprécier les termes et la portée.

Contradiction étrange ! la Cour de cassation, on en convient, a vu et apprécié la décision ; cette décision a été vue et appréciée par des hommes dont le témoignage ne saurait être repoussé. La Cour de cassation, les témoins honorables dont le ministre accepte le témoignage, ont apprécié la décision comme je l'ai appréciée moi-même. Ils lui ont donné la portée que je lui donne, et cependant on hésite encore sur le sens de cette décision ?

Comment ne comprend-on pas que cette hésitation n'est qu'un démenti donné, et à la Cour de cassation et à toutes les personnes considérables qui n'ont point hésité à fortifier de leurs loyales et consciencieuses affirmations, une prétention légitime au point de vue de l'équité, comme au point de vue du droit ?

Voici, au surplus, un extrait d'une lettre de M. Lingay, secrétaire perpétuel de la présidence du Conseil des ministres depuis 1819 jusqu'à ce jour, désigné par M. le duc Decazes, grand référendaire, comme pouvant donner des renseignements sur l'existence et les effets de la décision royale du 1er mars 1819, lettre qui prouve que cette dite décision a été tenue *secrète* dans le principe avant 1828; lettre adressée à M. le comte Pelet de la Lozère, ministre des finances en 1840; lettre datée du 4 avril 1840, dont l'original est entre les mains de M. le rapporteur.

« Si Votre Excellence me permet d'indiquer mon opinion au
« fond, je dirai, après une étude sérieuse de cette affaire, que je
« suis *convaincu de l'existence de la décision royale du* 1er *mars*
« 1819. *Tous les actes postérieurs la prouvent en l'appliquant,*
« elle a dû être communiquée par M. le marquis Dessolles à
« M. de Sémonville, alors grand référendaire de la Chambre des
« Pairs, si elle n'existe ni aux archives des affaires étrangères, ni
« aux archives de la Chambre des Pairs, c'est qu'on a pu avoir
« intérêt a la tenir secrète. *Cette décision a existé, elle a*
« *régi les décisions et même les transactions postérieures.* J'ai lu
« tous les mémoires publiés à ce sujet et les discussions des deux
« Chambres, ma conviction est faite. Des ministres en ont professé
« une conforme à plusieurs reprises. *Il existe des témoignages*
« *écrits et même judiciaires* qui font notoriété et remplacent
« valablement le titre originaire, il en serait ainsi en procédure
« civile.

Signé LINGAY,

Maître des requêtes au Conseil d'État,
Secrétaire de la présidence du Conseil des Ministres.

Messieurs, dans cette déplorable situation, profondément surpris de ce que je dois appeler un déni de justice, qu'ai-je fait ? Fort de mes droits, je me suis adressé, muni de la présente lettre de M. le Ministre des finances et de l'arrêt du Conseil d'État du 28 janvier 1841, à la Cour de cassation, pour informer cette Cour du refus qu'on me fait de m'appliquer son arrêt du 12 février 1835, ainsi que des motifs de ce refus.

Je voulais surtout, en faisant cette démarche, savoir des honorables magistrats qui avaient jugé ma cause, quelle était la valeur légale et judiciaire des visas placés en tête de leurs arrêts.

M. Zangiacomi, président de la Chambre des requêtes, qui avait présidé *lui-même* la Cour de cassation le 12 février 1835 et auquel j'ai porté ma plainte, m'a répondu en ces termes :

« La Cour de cassation ne rend ses arrêts que la loi en main, « qu'elle applique à un justiciable ; le premier visa, donné par « cette Cour à une loi, renferme en lui-même son existence et son « texte ; d'ailleurs, ce n'est pas à vous de *le produire*, c'est au « Gouvernement s'il en est besoin ; au surplus, et pour avoir une « solution plus explicite, adressez-vous de ma part au président « de la Chambre des avocats de la Cour. »

J'ai suivi cette marche, et je me suis adressé au président de la Chambre des avocats, qui a fait rédiger, en forme de consultation, *l'interprétation de l'arrêt du* 12 *février* 1835, et chose remarquable, cette interprétation est non seulement signée des conseils du Trésor lui-même, mais aussi des avocats de cette Cour qui ont plaidé *contre moi* le 12 février 1835.

Cette imposante consultation, que j'ose, Messieurs, vous supplier d'examiner (imprimée page 27), adressée à M. Lacave-Laplagne, n'a eu aucun résultat.

Ce silence persistant a quelque droit d'étonner ; car enfin ma situation est étrange : si je réclame mon droit devant la Cour de cassation, cette Cour m'oppose la décision du 1ᵉʳ mars 1819 dans ce qu'elle a de contraire à mes intérêts et elle me l'applique ! Viens-je ensuite revendiquer au moins cette décision dans la partie qui m'est favorable, on me répond qu'elle ne saurait m'être appliquée, parce qu'elle n'est pas représentée ! Insisté-je pour combattre une contradiction qui blesse tout à la fois la loyauté et la justice, on ne me répond plus !

En vérité, c'est à n'y pas croire, et pourtant ce sont bien là les faits.

Messieurs, l'autorité suprême de la Cour de cassation n'a pas seulement, en effet, fixé la date de la décision du 1ᵉʳ mars 1819 ; elle m'en a fait l'application, et quelle application ? Je réclamais devant cette Cour 256,000 francs d'arrérages, qui avaient été retenus à mon père sur son usufruit de 36,000 fr. L'arrêt a rejeté cette importante réclamation par les motifs que voici :

« Considérant que les événements de 1815, la perte considé-

« rable des biens qui dépendaient de la dotation du Sénat, la ré-
« duction de deux millions exercée sur les revenus, ont déter-
« miné les décisions royales des 1er mars 1819 et 3 décembre 1823
« qui ont fixé à 24,000 fr. les pensions des anciens sénateurs ;
« que ces décisions, rendues dans les limites du pouvoir attribué
« au Roi, par la Charte de 1814, faisaient *la loi des tribunaux*
« comme *maintenue et confirmée par la loi du* 28 *mai* 1829. »

La Cour de cassation a donc bien déclaré la décision royale du
1er mars 1819, *régulatrice* de son jugement souverain, et en conséquence elle m'en a fait l'application.

Or, je dis que tout, en bonne justice, doit se terminer là ;
quelle que soit la cause qui empêche de retrouver *in formâ* la décision qu'on m'applique dans ses dispositions rigoureuses, cela
ne peut nullement nuire à ce qu'elle soit exécutée, à mon égard,
dans ses dispositions favorables. Elle ne peut pas être considérée
comme existante quand on *l'applique contre moi*, et être considérée comme n'existant pas quand il s'agit de l'appliquer pour
moi.

L'absence de cette décision, reconnue d'ailleurs, ainsi que je
l'ai expliqué, par les grands corps de l'État politiques et judiciaires, et par les personnages les plus considérables qui l'ont vue
et lue, n'est qu'une objection sans valeur aux yeux de la conscience publique comme aux yeux de la conscience privée.

Je terminerai donc en citant les paroles de M. Lepelletier-
d'Aulnay, rapporteur en 1828 de la commission de la Chambre
des Députés sur la dotation du Sénat :

« Le domaine de la Couronne est inaliénable; il est régi par
« des règles communes à tous les usufruits.

« M. le Ministre des finances, dans son exposé des motifs de
« la loi présentée, explique la transmission héréditaire proposée
« *d'une pension de* 12,000 *fr.* AUX SUCCESSEURS DES ANCIENS SÉ-
« NATEURS, par la demande que ces anciens sénateurs ont faite
« d'être réintégrés dans la *totalité* de leur traitement originai-
« rement fixé à 36,000 fr., et qui, par suite des malheurs de
« 1815, avait été réduit à 24,000 fr.; demande qui n'eut pas de
« suites, parce que ces sénateurs préféraient de beaucoup LA DÉ-
« CISION qui assurait une dotation à leurs héritiers. »

Et ailleurs, il dit encore (page 14, même rapport) :

« Il est temps que la loi mette un terme aux nouvelles distri-

« butions de pensions que chaque extinction amène ; il est temps
« de sortir du système illégal dans lequel on est entré depuis la
« *décision du 3 décembre* 1823 ; qui, contrairement à l'esprit et
« au texte de nos lois anciennes et modernes, a disposé du do-
« maine de l'État. Décision qui donnerait lieu, de notre part, à
« de sévères réflexions si nous ne pensions que la mission de
« l'apprécier appartient à une autre commission de la Chambre. »

Ainsi, par ces deux citations bien *distinctes* du rapport de
M. Lepelletier-d'Aulnay, les deux décisions, la première, celle
du 1ᵉʳ mars 1819, purement sénatoriale, qui établit de la manière
la plus positive mon droit à la pension transactionnelle de
12,000 fr. qui m'est due et que je réclame, a été approuvée et
sanctionnée comme compensation juste et légale, et *par la Commission et par la Chambre des Députés*, tandis que la deuxième,
celle du 3 décembre 1823, relative au majorat de la pairie et aux
pensions accordées aux créatures du bon plaisir, a été, comme
on le voit, amèrement repoussée, comme violant les lois anciennes et modernes, et comme disposant illicitement du domaine de l'État qui est inaliénable.

Il ne me reste plus qu'un seul point à développer, celui relatif
à l'opposition extra-judiciaire que j'ai formée le 5 juin 1829 sur
une somme de 213,369 fr. 88 c., destinée, par l'article 7 de la loi
du 28 mai 1829, au payement spécial de ces sortes d'arrérages,
comme ceux que je réclame de ma pension.

L'État a recueilli, en janvier 1830, environ 96,000,000 par la
réunion des biens et rentes du Sénat au domaine de l'État. M. le
Ministre pense que ses prédécesseurs au ministère des finances
ont, par *omission*, confondu, malgré mon opposition, ces
213,369 fr. 88 c. avec les 96,000,000 dont l'État est en possession,
et qu'il ne peut reprendre ladite somme aujourd'hui qu'avec une
autorisation de la Chambre.

Messieurs, lorsqu'une loi affecte une somme quelconque au payement spécial d'un créancier de l'État, et lorsque ce créancier a
formé une opposition judiciaire et légale en temps utile sur une
telle somme, le Ministre compétent que ce payement concerne
ne doit point se permettre, sans violer la loi qui autorise, en pa-
reil cas, un créancier de prendre ses sûretés en formant une opposition judiciaire de disposer de cette somme d'aucune autre
manière, ni de la confondre avec les capitaux résultant d'une vente

comme ici ; sans compromettre sa responsabilité ministérielle, et cet acte ne peut, dans aucun cas, compromettre les intérêts de celui auquel la loi a accordé ce gage spécial. Le Ministre devait verser provisoirement ces 213,369 fr. 88 c. à la Caisse d'amortissement, somme provenant des intérêts de la dotation du Sénat, intérêts perçus avant 1830, et non les confondre avec les 96,000,000 fr. qui en étaient le capital. Ainsi, une nouvelle autorisation à cet effet, de la part de la Chambre, est inutile et surabondante, puisque la loi a réglé l'emploi de cette somme.

Au surplus, l'arrêt du Conseil-d'État du 4 janvier 1833, déclare que ces 213,369 fr. 88 c. sont ma garantie.

Voici l'extrait de ce dit arrêt :

« L'État ne peut être tenu qu'à la représentation du reliquat « du compte de l'actif et du passif dressé en vertu de l'article 7 de « la loi du 28 mai 1829, mais qu'aucune action ne peut être diri- « gée contre le Trésor public pour ce reliquat par les anciens sé- « nateurs, *à moins que ceux-ci n'aient fait reconnaître et consta-* « *ter leur créance* CONTRE QUI DE DROIT.

Ainsi la Cour de cassation, par son arrêt du 12 février 1835, qui m'applique la décision transactionnelle du 1er mars 1819, me saisit incontestablement aussi bien que l'arrêt du Conseil d'État précité de ces 213,369 fr. 88 c. pour le payement des arrérages qui me sont dus sur la pension de 12,000 fr. depuis le 14 avril 1828, jour de la mort de mon père, jusqu'à ce jour.

La Chambre appréciera, je n'en puis douter, d'autant plus cette juste observation, qu'elle n'ignore point que cet immense capital, que l'État a recueilli en 1830, provenait en majeure partie des pays étrangers qui avaient fourni des représentants au Sénat avant 1814 et qui les avaient richement dotés. Ainsi, ces 96 millions chargeaient l'État seulement, par la loi du 28 mai 1829, de plusieurs pensions viagères; pensions éteintes aux deux tiers depuis 1830, et sont donc aujourd'hui au résultat final tout bénéfice pour l'État et forment un fond spécial indépendant des contribuables.

L'article 60 de la Charte de 1830 a maintenu ces pensions constitutionnelles de 12,000 fr. à tous les fils aînés des anciens sénateurs; ils en jouissent tous indistinctement, *moi seul* j'en suis indignement frustré.

Messieurs, mon père a sacrifié sa fortune personnelle en 1796 pour sauver 80,000 Français de la famine; mon père a, en outre enrichi la France de 795,909 fr. 44 c. de rente en 5 pour 100; son fils vous demande aujourd'hui, pour toute récompense, l'exécution d'un arrêt de la Cour de cassation et d'une loi qui lui assurent 12,000 fr. de pension à dater du 14 avril 1828, jour de la mort de son père, pension sénatoriale et arrérages indépendants des charges de l'État et des contribuables, puisque l'État s'est enrichi de 96 millions en 1830, en réunissant les rentes et biens du Sénat au domaine de l'État.

Je demande donc le renvoi motivé de la présente pétition à M. le Ministre des Finances; j'ose le solliciter de vos sentiments de justice et d'équité; vous rendrez un digne hommage à la loi du 1ᵉʳ mars 1819 et à l'autorité suprême de la Cour de cassation, dont on veut violer un arrêt, pour me dépouiller de mes droits acquits; droits que vous avez sanctionnés et proclamés législativement *vous-mêmes* lors de la discussion de la loi du 28 mai 1829.

Je suis avec le plus profond respect,

Messieurs les Députés,

Votre très humble et très obéissant serviteur,

LE COMTE DE SAUR,

Ancien maître des requêtes au Conseil d'État,
place des Trois-Maries, 2.

Paris, le 26 décembre 1844.

Nota. Toutes les pièces annoncées dans la présente pétition sont déposées entre les mains de M. le rapporteur.

Le pétitionnaire appelle l'attention de MM. les membres de la Chambre, sur le rapport de M. le prince de Broglie, rapporteur, le 9 février 1820, comme membre de la commision des pétitions, d'une pétition du comte de Saur père, renvoyée, par la Chambre des Députés, à M. le président du conseil des Ministres, avec invitation d'appliquer audit comte de Saur la décision transactionnelle du 1ᵉʳ mars 1819, ce qui fut fait. Ainsi ma demande aujourd'hui n'est donc que la juste conséquence du premier renvoi fait par la Chambre qui a décidé la question en ma faveur par cette application. (Voyez page 24.)

N° 1.

Séance du mercredi 9 février 1820.

M. le prince de Broglie, rapporteur de la commission spéciale des pétitions, soumet à la Chambre l'analyse suivante :

M. le comte de Saur, ancien Sénateur, expose à la Chambre que, le 29 mars dernier, il a adressé à M. le marquis Dessolles, alors président du Conseil des ministres, une pétition, qu'il a renouvelée le 1er mai, contre la fixation de sa pension au taux de 10,000 francs, tandis que ses anciens collègues, habitant la France, en reçoivent une de 24,000 fr. ;

Que M. le marquis Dessolles lui répondit, le 7 mai, une lettre ainsi conçue : « Le ministère, qui établit en ce moment les droits de MM. les anciens Sénateurs, et s'occupe avec soin de la fixation des pensions qu'ils réclament, ne manquera pas de prendre en considération les observations que vous m'avez fait l'honneur de m'adresser sur votre position. »

Ces observations tendaient à démontrer que, dans l'application de l'ordonnance du 4 juin 1814, qui accorde des pensions aux Sénateurs nés Français et en refuse aux autres, il convenait de distinguer la position des différents membres du Sénat ; que les uns, en effet, appartenant à des pays incorporés, comme la Hollande, les Etats romains, plutôt que réunis à la France, avaient dû leur nomination au Sénat à cette circonstance seule, sans avoir préalablement exercé les fonctions de citoyens français ; les autres, au contraire, comme lésés, qui étaient originaires des départements plus anciennement réunis, avaient pu devoir leur nomination à des services rendus à la France antérieurement à cette nomination, et avaient au moins exercé avant cette époque des droits politiques ;

Que si cette distinction avait été soigneusement faite, l'ordonnance aurait été exécutée dans son véritable sens, puisque son intention, évidemment démontrée dans son préambule, était à la fois de reconnaître tous les services et de ne pas charger la France d'en récompenser d'autres qui lui étaient étrangers.

M. le comte de Saur appuie cette observation de la considération puissante qu'il a, ainsi que M. le comte de Lambrecht, obtenu de la munificence royale des lettres de grande naturalisation qui ne laissent aucun doute sur les intentions bienveillantes de S. M. à leur égard.

Il pense qu'il est impossible de contester que ses lettres aient au moins la force virtuelle qu'ont obtenue, par la loi du 14 octobre 1814, les simples lettres de naturalité, qui ont suffi pour assurer aux habitants des départements réunis, qui jouissent depuis dix ans des droits de citoyens français, pour continuer à jouir des droits civils et politiques, d'être maintenus dans l'exercice des fonctions publiques et dans la jouissance des pensions assurées à leurs services précédents.

Votre commission a pensé, messieurs, que les observations de M. de Saur devaient d'autant plus être soumises avec détail, qu'il a exercé des fonctions importantes avant d'être nommé Sénateur ; que ses services ont été pris en considération par S. M., lorsqu'il lui a plu de lui accorder des lettres de grande naturalisation ; que sa position a une grande similitude avec celle où se trouve placé un de nos collègues ; que sa confiance dans l'intérêt de la Chambre a sans doute empêché de partager cette dernière réclamation comme il avait partagé les autres ; mais elle a cru que M. le comte de Saur se plaignant non d'un refus, mais d'un retard, elle devait se borner à vous proposer le renvoi à M. le président du Conseil des ministres, dont l'attention sera de nouveau fixée par le rapport, ce qui accélérera sans doute la décision demandée. (Les conclusions de M. le rapporteur sont adoptées.)

N° 2.

Note supplémentaire à la présente pétition.

En 1832, lors de l'abolition de l'hérédité de la pairie, la Chambre des Députés demanda des explications à la Chambre des Pairs sur l'origine des traitements et pensions dont jouissaient les membres de l'ancien Sénat, et leurs fils aînés.

M. le marquis de Sémonville, grand référendaire alors, fut appelé par la commission de la Chambre des Députés, chargée d'examiner le projet de loi d'abolition de l'hérédité de la pairie ; il déclara à cette commission au nom de la Chambre des Pairs :

1° Que les traitements de 24,000 fr. dont jouissaient les anciens Sénateurs, Pairs ou non Pairs, leur étaient assurés irrévocablement et leur vie durant par l'ordonnance souveraine du 4 juin 1814, annexe de la Charte ;

2° Que les pensions de 12,000 fr. dont jouissaient les fils des anciens Sénateurs leur étaient assurées en exécution de la transaction purement sénatoriale du 1er mars 1819, qui avait réduit le traitement sénatorial de 36,000 fr. à 24,000 fr., à la condition expresse de cette survivance qui en était la juste compensation.

La Chambre des Députés, satisfaite de ces explications, a confirmé, sans opposition aucune, ces pensions sénatoriales assurées par la Charte et les lois aux anciens Sénateurs et à leurs fils aînés ; mais on s'est bien gardé de parler alors des pensions de 12,000 fr. dont jouissaient des Pairs non anciens Sénateurs, et sans autres titres primitifs, avant 1829, que la faveur ; on les enveloppa de nouveau du manteau sénatorial, et on leur continua le payement des pensions de 12,000 fr. dont ils jouissent encore (1) ; et quoique la pairie soit, depuis 1814, une dignité purement gratuite, et à plus forte raison depuis la loi de 1832, abolitive de l'hérédité, ces pensions conservées ainsi à certains Pairs non anciens Sénateurs, ni leurs héritiers, sont donc aujourd'hui un problème impossible à résoudre constitutionnellement.

L'article 70 de la Charte de 1830 dit que « toutes les lois et ordon-« nances, en ce qu'elles ont de contraire aux dispositions adoptées pour « la réforme de la Charte, sont dès à présent et demeurent annulées et « abrogées. » Ainsi les pensions du favoritisme accordées à des Pairs non anciens Sénateurs, ni fils aînés d'anciens Sénateurs, en vertu de la décision royale du 3 décembre 1823, détruite par la loi de 1832, relative aux majorats de la pairie, sont de fait abrogées par l'abolition de l'hérédité de la pairie, quoique la loi du 28 mai 1829 les ait maintenues, car l'article 60 de la même Charte de 1830 ne maintient que les pensions constitutionnellement acquises et non les pensions du bon plaisir, comme celles dont je parle. La décision du 1er mars 1819, transaction-

____

(1) Ces Pairs, au nombre de 34, sont, sauf 5 ou 6, tous millionnaires.

nelle et purement sénatoriale, *déclarée par la Cour de cassation*, par son arrêt du 12 février 1835, LA LOI DES TRIBUNAUX, a donc seule été maintenue comme étant constitutionnelle, par la Charte de 1830 dont l'article 68 abolit même toutes les nominations et créations de Pairs faites sous le règne du roi Charles X, qu'elle déclare nulles et non avenues ; ainsi, à plus forte raison, les pensions accordées par le bon plaisir à certains Pairs, auraient dû cesser avec l'abolition de l'hérédité.

N° 3.

Copie de la décision du 1er mars 1819, déposée le 28 janvier 1835 chez M. Tripier, conseiller rapporteur à la Cour de cassation, dans l'affaire de la réclamation sénatoriale de MM. les comtes Guéhéneuc et de Saur.

1er mars 1819.

DÉCISION.

Le Roi,

Sur la proposition du président du conseil des Ministres,

« Considérant que les anciens Sénateurs, Pairs et non Pairs, deman-
« dent unanimement, depuis juillet dernier, d'être remis en possession de
« leur traitement de 36,000 fr., en vertu de notre ordonnance du 4 juin
« 1814, et la loi du 8 novembre suivant ; traitement qui n'avait été réduit
« à 24,000 fr., en 1815, qu'avec leur adhésion, c'est-à-dire pour trois
« années, de juillet 1815 à juillet 1818 ;

« Considérant que, par suite des événements de 1815, les dispositions
« qui ont été prises depuis lors rendent l'exécution instantanée de ces
« lois précitées, quant à ce traitement de 36,000 fr., impossible ; vou-
« lant, néanmoins que notre volonté royale, exprimée dans l'ordonnance
« du 4 juin 1814, à l'égard de ce traitement sénatorial, ne reçoive au-
« cune atteinte rétroactive, nous avons résolu de dédommager ces anciens
« Sénateurs, de cette retenue de 12,000 fr. qu'ils éprouvent, dans la per-
« sonne de leurs fils aînés. »

Rendons la décision suivante :

Les traitements des anciens Sénateurs, nés Français ou naturalisés Français pour des services éminents, en vertu de l'ordonnance du 4 juin 1814, relative aux naturalisations, sont définitivement fixés à 24,000 fr.; et pour dédommager les Sénateurs de la retenue qu'ils éprouvent du tiers de leur traitement de 36,000 fr., retenue en opposition avec notre ordonnance du 4 juin 1814 et la loi du 8 novembre suivant,

Voulons et nous plaît de leur assurer *irrévocablement* par la présente la réversibilité de 12,000 fr. de pension sur la tête de leurs fils aînés et leur vie durant, et à dater du jour du décès de leurs pères titulaires ex-Sénateurs.

La présente décision sera transmise, par le président du Conseil, au Ministre de notre maison et au grand référendaire de la Chambre des Pairs.

Signé LOUIS.

Le président du Conseil des Ministres,
Signé DESSOLLES.

N° 4.

Consultation de la chambre réunie des avocats de la Cour de cassation développant le point de droit du comte de Saur à la pension de 12,000 francs. — Interprétation de l'arrêt du 12 février 1835.

Les conseils soussignés,

Vu les lois et règlements relatifs à la dotation du Sénat et au traitement des Sénateurs ;

Vu la déclaration de Louis XVIII, datée d'Hartwel du 1er janvier 1814 ;

Vu la déclaration royale, datée de Saint-Ouen, du 2 mai 1814 ;

Vu la Charte du 4 juin 1814 ;

Vu la décision royale du même jour, annexe de la Charte relative au traitement de 36,000 fr. accordé aux anciens membres du Sénat ;

Vu l'ordonnance du 4 juin 1814, relative aux grandes lettres de naturalisation ;

Vu les grandes lettres de naturalisation accordées au comte de Saur père, le 11 octobre 1814, vérifiées le 29 octobre même mois, à la Chambre des Députés et à la Chambre des Pairs le 20 décembre suivant ;

Vu l'article 6 de la loi du 8 novembre 1814 ;

Vu la lettre de M. le marquis Dessolles, président du conseil des Ministres, à M. le marquis de Sémonville, grand référendaire de la Chambre des Pairs, en date du 24 avril 1819 ;

Vu la décision du 27 avril 1819 ;

Vu la décision du 3 décembre 1823 ;

Vu l'acte de décès du comte de Saur père, justifiant ledit décès à la date du 14 avril 1828 ;

Vu la loi du 28 mai 1829 ;

Vu l'ordonnance du conseil d'État du 4 janvier 1833 ;

Vu l'arrêt de la Cour de cassation du 12 février 1835 ;

Vu l'ordonnance du conseil d'État du 28 janvier 1841 ;

Vu la lettre de M. le Ministre des finances du 2 septembre 1842 ;

Vu la copie de la lettre écrite par M. le marquis de Sémonville à MM. les comtes de Boissy-d'Anglas et Lanjuinais, le 18 mars 1819 ;

Vu les lettres de M. le marquis de Jaucourt, en date du 12 mai 1840 ;

Vu la lettre de M. le général Thiard, en date du 15 septembre 1840 ;

Vu la lettre de M. le comte de Boissy-d'Anglas, du 9 novembre 1840 ;

Vu le rapport fait par M. Lepelletier d'Aulnay, rapporteur de la commission relative à la dotation sénatoriale dans la séance de la Chambre des Députés du 19 juillet 1828 ;

Vu la lettre de M. Pelet de la Lozère, Ministre des finances, du 6 juin 1840, à M. le président du conseil d'État ;

Vu la consultation délibérée par M. Berryer père, le 12 juillet 1840 ;

Vu les articles 46, 323, 1347, 1348 et 1356 du Code civil ;

Sont d'avis des résolutions suivantes :

Il n'y a pas lieu à examiner si M. le comte de Saur, ancien maître des requêtes au conseil d'État, a droit, en vertu de la décision transactionnelle et purement sénatoriale du 1er mars 1819, à une pension de 12,000 fr. à titre de réversibilité en qualité de successeur et de fils unique de M. le comte de Saur son père, ancien Sénateur, décédé le 14 avril 1828.

Le droit à la réversibilité de cette pension ne lui est contesté ni par l'ordonnance du conseil d'État du 28 janvier 1841, ni par la lettre de M. le Ministre des finances du 2 septembre 1842.

La seule question à examiner est celle de savoir si devant M. le Ministre des finances l'existence de la décision royale du 1er mars 1819 se trouve suffisamment justifiée.

En fait, il est aujourd'hui reconnu que la décision royale du 4 juin 1814, annexe et corollaire de la Charte, avait consacré le droit des anciens membres du Sénat, qu'ils eussent été admis ou non dans la nouvelle Chambre des Pairs, au traitement annuel de 36,000 fr. qui leur avait été concédé par les lois sénatus-consultes et anciens règlements relatifs au Sénat, et garanti par la déclaration d'Hartwel du 1er janvier 1814, et celle de Saint-Ouen du 2 mai suivant ; la loi du 8 novembre 1814 vint ensuite, comme loi de l'État et conséquence de la Charte, confirmer cette décision.

En fait, il est constant que, de 1815 à 1818, le Roi, qui s'était réservé l'administration des biens affectés à la dotation du Sénat, fit subir au traitement des Sénateurs la réduction du tiers, et par conséquent le réduisit de 36,000 fr. à 24,000 fr.

En 1819, la liste civile, qui elle-même avait consenti à une réduction, ayant repris son taux normal, les Sénateurs s'émurent et demandèrent que leur traitement fût rétabli dans son intégralité de 36,000 fr.; mais alors on fut obligé d'avouer que, au mépris de l'engagement royal pris dans la décision du 4 juin 1814, Louis XVIII avait disposé d'une grande partie des revenus provenant de la dotation du Sénat pour créer des pensions au profit de quatre-vingt-douze Pairs non Sénateurs, et qu'il n'y avait plus suffisance pour la prestation du traitement rétabli dans son entier.

Une transaction fut alors proposée aux anciens membres du Sénat et acceptée par ceux-ci.

Ils consentirent à renoncer à la répétition de tous arrérages et à ce que leur traitement fût réduit définitivement de 36,000 fr. à 24,000 fr., sur l'assurance qui leur fut donnée, et le nouvel engagement qui fut alors pris de la part de l'autorité royale, qu'une réversion de 12,000 fr. aurait lieu à titre de pension sur la tête du fils aîné de chacun d'eux.

Cette transaction purement sénatoriale et compensatoire fut consacrée par une décision royale du 1er mars 1819.

Cette transaction ne sortit pas des cartons. On eut sans doute un intérêt à la tenir secrète, quoiqu'elle eût été révélée par une lettre de M. le marquis de Sémonville, écrite le 18 mars 1819, à ses collègues MM. Boissy-d'Anglas et Lanjuinais, lettre dans laquelle les avantages de la transaction à l'égard des fils aînés des anciens sénateurs *indistinctement* se trouvaient indiqués, c'est-à-dire une survivance viagère de 12,000 fr. accordée à tous les fils aînés de chaque membre de l'ancien Sénat en compensation de la réduction du traitement de 36,000 francs à 24,000 et de la renonciation de leur part aux arrérages.

Une lettre de M. le marquis Dessolles, alors président du conseil des Ministres, à la date du 24 avril 1819, annonce officiellement à M. le marquis de Sémonville que, *par une nouvelle décision,* Sa Majesté vient d'arrêter que les pensions des anciens Sénateurs Pairs et non Pairs seront indistinctement et définitivement fixées à 24,000 fr. à partir du premier mars, *sans aucune répétition pour le passé.*

Ici la lettre de M. le président du conseil n'indique pas la date de la décision, quoique M. de Sémonville l'eût énoncée dans sa lettre semi-officielle, mais la décision qu'une lettre du 24 avril *indique avoir été prise* ne peut que se référer à une *date antérieure* ; cette date était donc celle du 1ᵉʳ mars : au surplus, le doute cesse d'exister à cet égard, lorsque la date de la décision se trouve énoncée d'une manière précise plus tard dans un arrêt rendu par la Cour de cassation.

Les anciens Sénateurs non Pairs avaient reçu le traitement de 24,000 fr.; mais on leur avait laissé ignorer l'avantage compensatoire fait au fils aîné de chacun d'eux.

Postérieurement à 1830 (alors qu'on supposait trouver dans le gouvernement les principes de justice qui font la force et le soutien des États), sur les réclamations formées par ces anciens Sénateurs ou leurs héritiers, parmi lesquels se trouve M. de Saur, contre la liste civile, en payement des arrérages arriérés qu'elle avait retenus sur les traitements de 36,000 fr. garantis par la Charte et ses annexes, intervint un arrêt de la Cour royale de Paris qui repoussa l'action des anciens membres du Sénat et de leurs héritiers, et sur leur pourvoi fut rendu, le 12 février 1835, un arrêt de rejet par la Chambre des requêtes de la Cour de cassation, dans lequel on doit faire remarquer le passage suivant :

« Considérant que les événements de 1815, la perte d'une partie con-
« sidérable des biens qui dépendaient de cette dotation, la réduction de
« deux millions opérée en 1816 sur les revenus, ont déterminé les déci-
« sions royales des 1ᵉʳ mars 1819 et 3 décembre 1823 qui ont fixé à
« 24,000 fr. les pensions des anciens Sénateurs ; que ces décisions ren-
« dues dans les limites du pouvoir attribué au Roi par la Charte de 1814
« faisaient la loi des tribunaux. »

Ainsi la décision royale dont parlait M. le marquis Dessolles, dans sa lettre du 24 avril 1819, était celle du 1ᵉʳ mars qui, sans doute, fut communiquée en minute à M. Tripier, conseiller rapporteur.

M. de Saur, le consultant, éclairé sur ses droits, s'est adressé à M. le Ministre des finances, du Ministre des finances au conseil d'État ; le conseil d'État, par son ordonnance du 28 janvier 1841, a répondu que c'était à lui à produire la décision du 1ᵉʳ mars 1819.

M. le Ministre des finances a fait la même réponse par sa lettre du 2 septembre 1842.

M. le comte de Saur n'a pas à fournir de preuves autres que celles qu'il a produites; la décision du 1ᵉʳ mars 1819 et les principes posés par elle se trouvent justifiés en *fait et en droit* de la manière la plus positive et la plus légale, et les documents fournis par lui suffisent pour justifier de ses droits et autoriser la liquidation de la pension qu'il réclame.

Le texte de la décision du 1ᵉʳ mars 1819, malgré toutes les recherches possibles, n'a pas été retrouvé jusqu'à présent, mais son existence et sa virtualité sont cependant justifiées de la manière la plus palpable, la plus évidente et la plus légale.

On appelle en général preuve ce qui persuade l'esprit d'une vérité.

La preuve d'une vérité se tire de sa nature même, si elle est au nombre des principes immuables et claire par elle-même comme l'existence de la Divinité.

Si cette vérité dépend d'autres vérités, elle consistera dans l'enchaînement qui les liera entre elles et qui les fera connaître les unes par les autres, soit qu'on tire une conséquence d'une cause à son effet, ou d'un effet à sa cause, ou de la connexité d'une cause à une autre.

Ainsi la preuve par écrit d'un titre, d'un arrêt, d'un édit, d'une ordonnance peut manquer, l'écrit qui contient la loi, l'édit ou l'ordonnance a pu être brûlé, a pu être adiré (1), et cependant la loi permet d'en administrer la preuve par des faits qui sont tels que la prudence du juge lui défend d'en refuser la crédibilité.

Ainsi, par exemple, un titre est perdu, mais il est énoncé précisément dans un acte provenant de celui contre qui on voudrait l'exercer ; il est, dans ce cas, dans l'équité comme dans l'esprit de la loi que cette énonciation serve précisément de preuve, et que cette preuve soit regardée comme suffisante et équivalente à la production du titre.

Appliquons ces principes à l'espèce.

Les membres de l'ancien Sénat avaient droit, en vertu de la promesse royale du 4 juin 1814, annexe corollaire de la Charte, à un traitement viager de 36,000 fr.

Les ressources qui devaient fournir au service de ces traitements vinrent à manquer parce que le roi Louis XVIII lui-même, qui s'en était attribué l'administration, les employa à d'autres usages, notamment à celui du service de nouvelles pensions qu'il avait créées suivant son bon plaisir à l'égard des Pairs qu'il avait nommés ; la parole royale allait manquer à ses engagements ; le souverain, à titre de transaction et de compensation, proposa de réduire le traitement de 36,000 fr. à 24,000 fr., mais de reverser sur la tête du premier-né de chaque membre de l'ancien Sénat une pension viagère de 12,000 fr.

Voilà le fait allégué par M. le comte de Saur ; il allègue, de plus, que cette transaction a été effectuée par une décision du Roi du 1er mars 1819. Comment cette allégation est-elle justifiée ?

Cette allégation est d'abord justifiée par la production d'une lettre de M. le marquis de Sémonville du 18 mars 1819.

On opposerait d'abord vainement que M. de Sémonville n'avait pas un caractère officiel à cet égard, sa qualité de grand référendaire justifierait l'avertissement qu'il donnait alors.

Mais survient une autre preuve résultant de lettre officielle écrite par le marquis Dessolles, alors président du Conseil, le 22 avril 1819, lettre par laquelle il annonce que, *par une décision prise par Sa Majesté*, la pension des anciens Sénateurs sera servie, à partir du 1er mars 1819, sur le pied de 24,000 fr.

Or, la décision dont il est parlé le 24 avril 1819 ne peut se rapporter qu'à une décision préexistante, elle ne peut donc être que celle prise le 1er mars 1819.

Mais on objectera que la lettre de M. le marquis Dessolles ne parle que de la pension viagère des anciens Sénateurs, et qu'elle ne parle pas de la réversibilité de la pension de 12,000 fr. à l'égard des fils aînés de chacun d'eux.

D'accord.

Mais on ne pourra pas faire la même objection à la révélation de la transaction faite par le gouvernement lui-même.

Le gouvernement ne peut s'exprimer par un organe autre que celui de ses Ministres ; or, à l'époque où la dotation de la pairie, sur les réclamations générales, fut enfin l'objet d'une mesure législative que réclamaient la dignité et l'indépendance d'un corps aussi élevé, le gouver-

(1) On peut citer des exemples de lois qui sont appliquées tous les jours, et dont la minute ne peut plus être représentée ; la loi du 1er mai 1790 a posé le principe des deux degrés de juridiction ; des arrêts sont tous les jours cassés pour violation de cette loi, dont la minute ne s'est jamais retrouvée aux archives du gouvernement.

nement lui-même, par le Ministre des finances, son organe officiel, révéla l'existence de la transaction et de la réversibilité de la pension de 12,000 fr. M. Lepelletier d'Aulnay, rapporteur de la commission chargée de l'examen du projet de loi relatif à la dotation de la Chambre des Pairs, dans la séance du 29 juillet 1828, rappelle la déclaration du Ministre des finances dans les termes suivants :

« Monsieur le Ministre des finances, dans l'exposé des motifs de la loi « présentée, explique la transmission héréditaire proposée d'une pension « de 12,000 fr. *aux successeurs des anciens Sénateurs, par la demande* « *que ces anciens Sénateurs ont faite d'être réintégrés dans la totalité* « *de leur traitement fixé à 36,000 fr.. et qui, par suite des malheurs* « *de 1815, avait été réduit à 24,000 fr., demande qui n'eut pas de* « *suite, parce que ces Sénateurs préférèrent de beaucoup la décision* « *qui assurait une dotation à leurs héritiers.* »

Cette déclaration devint un titre à l'égard de M. de Saur, car elle émane de la déclaration même du Ministre organe du gouvernement, elle émane donc du gouvernement lui-même ; et il n'a pas plus besoin de justifier ni de l'existence, ni du texte d'une décision que le gouvernement relève et proclame lui-même ; le gouvernement lui-même reconnaît que la décision s'applique aux fils des anciens Sénateurs, sur la demande formée par ces anciens Sénateurs ; cette déclaration a la force d'un aveu judiciaire qui fait pleine foi contre celui qui l'a fait et qui est indivisible.

Plus loin, dans son rapport, M. Lepelletier d'Aulnay parle de la décision du 3 décembre 1823, qu'il qualifie de système illégal dont il était temps de sortir ; cette décision avait eu pour objet de transformer la pension de 12,000 fr. reversible sur les fils aînés des Sénateurs Pairs appelés, par suite du principe de l'hérédité à la pairie, en majorat héréditaire et inaliénable ; elle était illégale parce qu'elle aliénait une portion du domaine de l'État, ce qni ne pouvait avoir lieu sans une loi ; mais on objectera alors qu'il y a donc eu deux décisions, et l'on dira que le rapport n'énonce la date que d'une seule.

Oui, il y a eu deux décisions : le rapport les indique d'une manière séparée ; il parle d'abord d'une décision transactionnelle.

Il parle ensuite de la décision relative aux majorats.

Objectera-t-on à M. de Saur qu'il ne justifie pas de leurs dates d'une manière distincte, M. de Saur le fait en produisant l'arrêt de la Cour de cassation du 12 février 1835.

On se rappelle que le pourvoi des anciens Sénateurs et de leurs héritiers, relatif à la réclamation des arrérages du traitement de 36,000 fr., était dirigé contre la liste civile ; M. Tripier, conseiller rapporteur, fut alors entouré de tous les documents qui purent lui être fournis sur les actes relatifs aux traitements des anciens Sénateurs ; le texte de tous ces actes lui fut produit et le pourvoi fut rejeté par un arrêt du 12 février 1835 dans lequel se trouvent énoncées comme elles l'avaient été par M. Lepelletier d'Aulnay, deux décisions : la première, qui est la décision transactionnelle par laquelle les anciens Sénateurs consentirent à la réduction du traitement de 36,000 fr. à 24,000 fr.. au moyen de la réversibilité sur leurs fils aînés de la pension de 12,000 fr., et la seconde relative à l'érection des majorats héréditaires ; et l'arrêt rejette le pourvoi, parce que les décisions royales du 1er mars 1819 et du 3 décembre 1823 ont fixé à 24,000 fr. les pensions des anciens Sénateurs.

Ainsi la date de la première décision, qui a sanctionné la transaction sénatoriale, est *du 1er mars* 1819.

La date se trouve donc révélée et déclarée par un arrêt de la première cour du royaume, rendu entre M. de Saur lui-même et la liste civile qui était alors son adversaire ; l'existence de la décision du 1er mars est donc démontrée, et elle est démontrée tant par la déclaration faite par le Ministre, organe du gouvernement, que par l'arrêt de la Cour de cassation rendu au profit de la liste civile ; M. de Saur n'a pas à faire d'autre preuve, puisqu'il présente des preuves équivalentes à des titres écrits et qui émanent de ceux contre lesquels sa réclamation est dirigée.

Ce n'est donc que surabondamment qu'il invoquerait, à cet égard, des témoignages ; quoique ces témoignages soient tout à fait inutiles, ces témoignages ne lui manqueront pas ; il produit, entre autres documents, d'abord la lettre de M. de Sémonville du 18 mars 1819, qui énonce, en termes formels, la décision du 1er mars ; il produit la lettre officielle de M. le marquis Dessolles, président du Conseil, du 24 avril 1819, et qui annonce que, à partir du 1er mars 1819, le traitement des anciens Sénateurs est fixé à 24,000 fr.; il produit les lettres de M. le marquis de Jaucourt en date du 12 mai 1840, et M. Jaucourt, ce Nestor de l'ancien Sénat et de la pairie, déclare que M. de Sémonville fut l'intermédiaire de la transaction entre les anciens membres du Sénat et de la liste civile ; il produit enfin la lettre de M. le général Thiard, membre de la commission de la Chambre des Députés, dont M. d'Aulnay fut rapporteur, lettre en date du 15 septembre et dans laquelle M. le général Thiard déclare que la décision du 1er mars 1819 fut produite en *minute* à la commission par M. le Ministre des finances.

En présence de la discussion qui précède, ces témoignages sont évidemment surabondants, mais ils viennent pour rendre hommage aux principes, et servent encore à démontrer que, si la minute de la décision du 1er mars 1819, qui fait le titre de M. de Saur, est égarée, elle se retrouve dans les déclarations faites par le gouvernement lui-même par le Ministre, son organe officiel, déclarations qui forment aujourd'hui la base légale et le type de la pension qui doit être ordonnancée à son profit.

Il ne reste plus qu'un seul point à démontrer.

La décision du 1er mars 1819 forme-t-elle un titre virtuel et légal en faveur de M. le comte de Saur ?

La loi ne peut avoir d'effet rétroactif ; les droits de M. de Saur ne peuvent être régis que par la législation en vigueur à l'époque où ils se sont ouverts à son profit.

Son droit s'est ouvert à l'époque du décès de son père, arrivé le 14 avril 1828 ; à cette époque, les droits des anciens Sénateurs et leurs fils se trouvaient régis par la décision du 1er mars 1819, puisque la loi du 28 mai 1829 n'avait pas encore été promulguée ; vis-à-vis de lui, la décision du 1er mars 1819 est donc une loi de l'État.

A cet égard, l'autorité de la Cour de cassation, dans son arrêt du 12 février 1835, interdit toute discussion quand elle déclare que « *la* « *décision du 1er mars 1819, rendue dans les limites du pouvoir* « *attribué au Roi, par la Charte de 1814, fait la loi des tribu-* « *naux.* »

Si la décision du 1er mars 1819 fait la loi des tribunaux, elle fait également la loi du gouvernement, et le Ministre des finances, liquidateur des pensions, doit être le premier à reconnaître sa force en admettant la liquidation de la pension due à M. le comte de Saur.

Une dernière réflexion doit terminer cette discussion : on a peine à concevoir comment, après les lettres produites par M. de Saur, alors surtout qu'il se trouve aujourd'hui le *seul* héritier survivant des membres de l'ancien Sénat qui puisse réclamer la pension que la loi lui reconnaît, et qui est la dernière récompense des nombreux services rendus par son père à la France, il ne puisse obtenir justice; il y aurait, dans sa position, cent fils de Sénateurs, que la justice avant tout commanderait que leurs droits fussent à l'instant même reconnus ; il est seul, il est âgé, la loi, l'équité, la justice prononcent donc aujourd'hui en sa faveur; enfin il n'y a pas même, pour le Trésor, de fonds ni de crédit à demander, parce que la somme plus que suffisante pour faire face à la liquidation du réclamant se trouve versée au Trésor et s'y trouve sans destination légale, puisqu'en conformité de l'article 7 de la loi du 28 mai 1829, 213,369 fr. 88 c. se trouvent au Trésor comme reliquat du compte de la dotation du revenu du Sénat dont le versement a été complété les 11 et 30 janvier 1830.

Délibéré à Paris, ce 14 décembre 1842.

Signé : Godart de Saponay, avocat aux Conseils du Roi et à la Cour de cassation (1).

Fichet, avocat aux Conseils du Roi et à la Cour de cassation (2).

L. de Verdière, avocat aux Conseils du Roi et à la Cour de cassation (3).

A. Scribe, avocat à la Cour royale, ancien président de l'ordre des avocats à la Cour de cassation (4).

J'adhère aux solutions de droit, El. Roger, avocat aux Conseils du Roi et à la Cour de cassation (5).

J'adhère aux solutions de droit de la consultation, A. Teysseyrre, avocat aux Conseils du Roi et à la Cour de cassation (6).

N° 5.

A Monsieur le comte de Saur.

Monsieur le Comte,

J'ai cherché dans les papiers de mon père la lettre de M. le marquis de Sémonville en date du 18 mars 1819, lettre dont mon père a donné communication à M. le marquis de Jaucourt. Je ne l'ai point retrouvée, et cela ne m'étonne pas, attendu que mon père était dans l'habitude de ne conserver que des papiers utiles. La lettre du 18 mars ne l'était plus, depuis la décision du 3 décembre 1823, qui a transformé en majorat perpétuel la pension assurée indistinctement aux fils aînés des anciens Sénateurs. Mon père n'avait dès lors aucun motif personnel de conser-

---

(1) Avocat du Trésor et défenseur des douanes et des droits réunis.

(2) Défenseur et conseil de l'administration des domaines.

(3) Avocat plaidant pour MM. le comte de Saur et Guéhéneuc, anciens sénateurs, le 12 février 1835.

(4) Avocat plaidant, le 12 février 1835, contre MM. de Saur et Guéhéneuc, pour la liste civile.

(5) Avocat et conseil du Trésor et aux affaires contentieuses.

(6) Président de la chambre des avocats à la Cour de cassation.

ver cette même lettre qui ne réglait que des intérêts purement sénatoriaux.

Au reste, un témoignage aussi imposant que celui de M. de Jaucourt, qui, avec mon père, était au nombre des anciens Sénateurs qui ont coopéré à cette transaction du 1er mars 1819, doit suffire pour que, dans cette circonstance, justice vous soit pleinement rendue.

Agréez, etc.

Paris, 9 novembre 1810.

Signé BOISSY-D'ANGLAS,
Pair de France.

Pour copie conforme à l'original de la présente, déposé entre les mains de M. le rapporteur,

Signé le comte DE SAUR,
ancien maître des requêtes au Conseil d'État.

N° 6.

A monsieur le comte de Saur.

Monsieur le comte,

J'ai en effet reçu une lettre de M. le Ministre des finances relativement à l'affaire qui vous intéresse et à la juste réclamation que vous avez adressée au Conseil d'Etat. Je me suis empressé d'attester les faits à ma connaissance, à savoir, la réduction volontaire de notre traitement de 12,000 francs, et l'arrangement proposé plus tard par M. de Sémonville de substituer, à l'intégralité des 36,000 francs de traitement *que nous réclamions*, une pension viagère de 12,000 francs la vie durant du fils aîné du Sénateur.

Je désire, monsieur le comte, que ce témoignage puisse concourir à l'obtention de votre demande si ancienne, si ajournée, et dont enfin je pense que vous recevrez une décision favorable.

J'ai l'honneur d'être, monsieur le comte, votre dévoué serviteur,

Signé JAUCOURT,
ancien Sénateur, Pair de France.

Pour copie conforme à l'original qui est entre les mains de M. le rapporteur,

Signé le comte de SAUR.

Paris, 12 mai 1840.

N° 7.

Copie de la lettre adressée à M. le marquis de Sémonville par M. le comte de Saur, le 26 février 1839, et dont la réponse ci-

jointe est en original entre les mains de M. le rapporteur, en date du 4 mars 1839.

Monsieur le marquis,

Vous qui avez toujours défendu les intérêts des Sénateurs et de leurs familles ; vous qui, par la décision du 1er mars 1819, dont vous m'avez si souvent entretenu, et dont vous m'avez lu la minute à cette époque, avez fait assurer à tous les fils aînés des anciens Sénateurs, Pairs et non Pairs indistinctement, en compensation de la retenue de 12,000 francs opérée *sans loi, sans titre légal et sans urgence*, 12,000 fr. de survivance transactionnelle et compensatoire de cette retenue de pareille somme opérée sur le traitement sénatorial fixé irrévocablement à 36,000 francs, et par l'ordonnance souveraine du 4 juin 1814, et par la loi du 8 novembre suivant ;

Vous, dis-je, qui connaissez mieux que tout autre l'abus qu'on a fait des 12,000 francs que tous les anciens Sénateurs Pairs et non Pairs avaient volontairement abandonnés sur leurs 36,000 francs pour trois années, c'est-à-dire de juillet 1815 à juillet 1818, pour soulager l'État ; don volontaire qu'on a détourné de sa noble destination, et dont on s'est audacieusement et inconstitutionnellement servi pour enrichir quatre-vingt-deux nouveaux Pairs qui n'avaient aucun droit devant la loi à la dotation du Sénat, abus qui fut la seule cause qu'on n'a pas pu restituer aux anciens Sénateurs leurs 36,000 francs en juillet 1818, et qu'on fut forcé d'arriver à cette transaction du 1er mars 1819, assurant 12,000 francs de survivance compensatoire indistinctement à tous les fils aînés des anciens Sénateurs, transaction consentie par la majeure partie des anciens Sénateurs, à cette condition EXPRESSE, et telle que votre lettre du 18 mars 1819, qui renferme le contenu de cette transaction (et dont j'ai conservé copie), adressée par vous à cette époque à MM. les comtes Boissy-d'Anglas et Lanjuinais, le dit clairement ; décision dont la Cour de cassation, dans son arrêt du 12 février 1835, s'est servie avec celle du 3 décembre 1823 pour me refuser les arrérages sur le pied de 36,000 francs, dus à feu mon père, et formant un capital de 256,000 francs.

Dans cet état de choses, je me suis adressé à double titre à M. le Ministre des finances pour l'inviter à m'inscrire (et en vertu de cet arrêt, et en vertu de cette transaction du 1er mars 1819, devenue indivisible) au livre des pensions sénatoriales pour celle de 12,000 francs, et à dater du jour du décès de mon père, mort le 14 avril 1828.

Eh bien ! monsieur le marquis, croirez-vous que non satisfait d'avoir fait perdre aux dix-sept anciens Sénateurs, non élevés à la pairie, ou à leurs héritiers, plus de *quatre millions* d'arrérage qui leur étaient dus sur le pied constitutionnel de 36,000 francs, en leur opposant *administrativement et judiciairement* ces deux dites décisions transactionnelles ; croirez-vous, dis-je, qu'on hésite encore depuis quatre ans, de m'inscrire pour cette pension de 12,000 fr., qui m'est si incontestablement assurée, et quoique mon père soit *le seul*, parmi les dix-sept anciens Sénateurs non élevés à la pairie, qui soit décédé avant juillet 1830, laissant un fils ?

On me remet de mois en mois, de semaine en semaine pour cette inscription, et je me vois menacé de nouveau d'être encore renvoyé devant le Conseil d'État pour cette juste réclamation ; Conseil qui, par son premier arrêt du 4 janvier 1833 (si on veut l'interpréter loyalement), me donne déjà gain de cause sur tous les points quant à cette pension compensatoire des retenues que mon père a subies et que je réclame.

Veuillez donc, monsieur le marquis, éclairer la religion de M. le Ministre des finances à ce sujet, et m'éviter ainsi de nouveaux frais et de nouvelles démarches si pénibles dans une affaire si claire, si légitime, si constitutionnelle, qui ne devrait pas donner lieu à la moindre contestation, si l'on voulait être juste et consciencieux.

Je suis avec respect, monsieur le marquis, votre très obéissant serviteur,

Le comte DE SAUR,

Ancien Maître des requêtes au Conseil d'État.

N° 8.

Copie de la lettre en réponse de M. le marquis de Sémonville à M. le comte de Saur, en date du 4 mars 1839.

Vous avez bien voulu, monsieur le comte, me rendre la justice que j'avais, durant la durée de mes fonctions de grand référendaire, fait auprès du gouvernement tous les efforts qu'il m'était permis de tenter pour mes anciens collégues Sénateurs *ou pour leurs familles.* J'ai défendu *leurs intérêts avec constance.* Aujourd'hui j'éprouve le regret de n'avoir pas mieux réussi et celui non moins vif de ne leur être désormais d'aucune utilité. Mon âge et mes résolutions ont été d'accord pour m'éloigner des affaires et des personnes qui les dirigent. Ma voix ne serait point entendue, et je suis étranger complétement à leur personne.

Vous exposer cette situation, monsieur, c'est vous prouver en même temps mes regrets de ne pouvoir plus répondre à votre confiance.

Recevez, monsieur, l'expression de ce sentiment et celle de ma haute considération.

Signé SÉMONVILLE.

L'original de la présente est entre les mains de M. le rapporteur.

N° 9.

Lettre de M. Viennet, Pair de France, adressée à M. le comte de Saur, le 11 novembre 1840.

Monsieur le comte,

Je ne puis pas entrer dans tous les détails que vous me demandez. Les faits sont connus de tout le monde, et le plaidoyer de M. Berryer père établit parfaitement vos droits. Je n'y suis que pour un ou deux rapports faits à la Chambre des Députés sur votre affaire. Je tenais alors votre reclamation *fort juste*, et je n'ai jamais conçu pourquoi *celle pension* vous était retardée quand la loi et la raison étaient pour vous, et j'espère que le conseil d'Etat vous fera justice.

Signé VIENNET,
Pair de France.

Pour copie conforme à l'original qui est entre les mains de M. le rapporteur,

le comte de SAUR.

N° 10.

Louis, par la grâce de Dieu, roi de France et de Navarre, à tous présents et à venir salut :

Le sieur Jean-André, comte Saur, officier de la Légion-d'Honneur, né à Freisheim, ancien Sénateur, nous a exposé que, son pays natal se trouvant séparé de la France, en vertu du traité du 30 mai dernier, on pourrait le considérer comme étranger à notre royaume, et l'isoler ainsi d'un pays auquel il est attaché par les places qu'il a remplies successivement *depuis vingt ans*, en qualité d'*administrateur de canton*, de *membre et président de l'administration des quatre départements du Rhin*, de *conseiller de préfecture*, de *membre du Corps législatif et du Sénat*, voulant *continuer* de résider en France, et nous *donner des preuves de sa fidélité et de son dévouement à notre personne*, il nous supplie de lui accorder des lettres de naturalisation. A ces causes, voulant traiter favorablement l'exposant, et *lui assurer la récompense de ses nombreux et importants travaux*, de notre grâce spéciale, pleine puissance et autorité royale, nous avons dit et déclarons par ces présentes, signées de notre main, voulons et nous plaît que ledit sieur comte Saur soit tenu, censé et réputé, ainsi que nous le tenons, censons et réputons, pour notre naturel sujet et *régnicole*, qu'il puisse et lui soit loisible de demeurer et s'établir dans tel lieu de notre royaume qu'il désirera, jouir des priviléges, franchises, libertés, droits civils et politiques dont jouissent nos vrais et originaires sujets, et de *celui de siéger dans la Chambre des Pairs* et dans celle des Députés, s'il y est appelé, *tout ainsi que si* ledit exposant *était originaire de notre royaume*, sans qu'au moyen des lois, ordonnances et règlements d'icelui, il lui soit fait aucun empêchement dans la pleine et libre jouissance des droits et priviléges qu'il nous plaît de lui accorder, l'ayant, quant à ce, dispensé et habilité, dispensons et habilitons, à la charge de finir ses jours en notre royaume. Ordonnons que les présentes, signées de notre main, seront adressées à la Chambre des Pairs et à celle des Députés, pour être vérifiées et ensuite toutes lettres expédiées.

Donné à Paris, le 11 octobre, l'an de grâce 1814, et de notre règne le 20e. (*Inséré au Bulletin des Lois en novembre* 1814. Ce *Bulletin* est entre les mains de M. Baude, rapporteur.)

Signé LOUIS.
Par le Roi, le chancelier de France,
Signé DAMBRAY.

La Chambre des Pairs, après avoir entendu plusieurs rapports des lettres patentes de naturalisation, avec plénitude des droits de citoyen français, obtenus par le comte Saur (Jean-André), ancien Sénateur, conformément à l'ordonnance du roi du 4 juin 1814, relative aux étrangers ; ouï le rapport de sa commission spéciale, et après en avoir délibéré en la forme accoutumée, déclare lesdites lettres patentes vérifiées, et ordonne qu'elles seront transcrites sur ses registres.

A Paris, le 20 octobre 1814.

> Les présidents et secrétaires: *signé* DAMBRAY, le comte de PASTORET, le duc de LEVIS, le comte de VALENCE, le maréchal duc de Tarente, MACDONALD.

La Chambre des Députés, après avoir entendu la lecture des lettres patentes de naturalisation, avec plénitude des droits de citoyen français, obtenus par le comte Saur (Jean-André), ancien Sénateur, conformément à l'ordonnance du roi du 4 juin 1814, relative aux étrangers ; ouï le rapport d'une commission centrale, et après en avoir délibéré en la forme accoutumée, déclare lesdites lettres patentes vérifiées, et arrête qu'elles seront transcrites sur ses registres.

A Paris, en séance publique, le 29 octobre 1814.

> Les présidents et secrétaires : *signé* LAINÉ, le baron DUFOUGERAIS, GOULARD, DE-SAUX, CHERRIER.

Les présentes lettres, vérifiées dans la Chambre des Pairs le 20 décembre 1814, et dans celle des Députés le 29 décembre 1814, seront publiées et insérées dans le Bulletin des Lois ; mandons et ordonnons à nos Cours et tribunaux, préfets, corps administratifs et autres, que ces présentes ils gardent et maintiennent, fassent garder, observer et maintenir ; et, pour les rendre plus notoires à tous nos sujets, les fassent publier et enregistrer toutes les fois qu'ils en seront requis, car tel est notre bon plaisir ; et, afin que ce soit chose ferme et stable à toujours, nous y avons fait mettre notre scel.

Donné à Paris, le 20 janvier 1815, et de notre règne le 20e.

> *Signé* LOUIS.

Par le Roi, le chancelier de France :   *signé* DAMBRAY.

Vu au sceau :   *signé* DAMBRAY.

N° 11.

OPINION DES MEMBRES DE LA CHAMBRE DES DÉPUTÉS

EN FAVEUR DU RÉCLAMANT.

Extrait du Moniteur.

Dans la séance du 21 avril 1829, M. Dupin aîné disait : « D'abord, « quant aux Sénateurs, il ne s'agit pas de ce qu'ils ont désiré, de ce qu'ils

« auraient inséré dans l'art. 6 de leur projet de constitution une dotation
« héréditaire, encouragés en cela par la lettre de Hartwel, du 1er jan-
« vier 1814 ; il s'agit de ce qu'on leur a réellement promis, c'est-à-dire
« dotation viagère, leur traitement de 36,000 fr. continué pendant leur
« vie. Quel est le caractère de cette promesse ? Si l'on veut se transporter
« à l'époque de la restauration, on se convaincra qu'on aurait pu ne pas
« continuer aux Sénateurs leur traitement, et qu'il n'y aurait pas eu de
« sédition dans le pays ; mais enfin la promesse en a été faite, c'est dé-
« sormais une dette sacrée à laquelle il est impossible de se soustraire.
« La déclaration du 4 juin, contemporaine de la Charte, en a le carac-
« tère ; elle a créé, au profit des Sénateurs, un droit rigoureux, et je le
« maintiens, non seulement pour l'honneur de la puissance royale qui
« l'a stipulé, mais aussi dans l'intérêt de toute dette publique, qui doit
« être religieusement acquittée, quelque onéreuse qu'elle soit pour le
« pays. »

Dans un autre passage du même discours, il ajoutait : « Relativement
« aux Sénateurs, nous n'avons pas le droit de changer le caractère de ce
« qui leur appartient. C'est une dette, une dette publique reconnue par
« l'ordonnance du 4 juin, qui, en ce point, a la même force que la Charte.
« Il faut donc avant tout reconnaître cette dette ; ensuite nous verrons
« s'il y a lieu de faire des libéralités : *nemo liberalis nisi liberatus.* Quand
« même vous ne voudriez pas payer, vous y seriez obligés : il n'y a pas
« même de regrets à émettre ; la dette est contractée par une puissance
« capable, il faut l'acquitter. »

M. Mauguin disait : — « Les Pairs de France ont-ils des droits ? C'est
« une question, mais *ce n'en est pas une à l'égard des anciens Séna-
« teurs ;* il est une attribution que l'on ne peut contester, c'est celle faite
« par l'*ordonnance du 4 juin 1814 aux anciens Sénateurs.* »

M. de Chantelauze contesta vivement le droit des Sénateurs avant l'ordonnance ; il soutint que la pension de 36,000 fr. était un bienfait ; mais
il ajouta :

« Ce bienfait, le roi l'a accordé *d'une manière que je regarde comme
« irrévocable.* »

MM. Eusèbe Salverte et autres se sont prononcés dans le même sens :
tous ont reconnu que l'ordonnance du 4 juin était un acte irrévocable
du pouvoir souverain ; nul n'a songé à dire que les prétendues décisions
auraient eu pour effet de porter la moindre atteinte aux droits des anciens
Sénateurs.

Séance du 23 avril 1829 (page 598).

M. CORMENIN : « Je ne vois pas d'autre droit acquis que celui des an-
« ciens Sénateurs à la pension de 36,000 fr. arbitrairement réduite, et
« qu'il faut compléter.

« Un droit acquis, sur quoi le fondez-vous ? Sur l'ordonnance souve-
« raine du 4 juin 1814.

« Mais elle ne confère ni implicitement ni explicitement aucun droit
« aux nouveaux Pairs. »

Séance du jeudi 25 avril 1829 (pages 597 et 598).

Amendement de M. Bavoux : « Les pensions dont jouissent d'anciens
« sénateurs en vertu de l'ordonnance du 4 juin 1814, ainsi que celles
« dont jouissent des veuves, seront inscrites au livre des pensions avec
« jouissance du 22 déc. 1829. Les pensions accordées à d'autres pairs de

« France, c'est-à-dire à des Pairs non Sénateurs, cesseront à partir du
« 1er janvier 1830. »

La Chambre, dit M. Bavoux, me paraît à peu près unanime sur la
question de savoir s'il faut accorder aux Sénateurs ce que l'ordonnance
du 4 juin 1814 leur a promis. Si la Chambre regarde ce qui leur a été
promis dans cette ordonnance comme une dette, reconnaissons-la ; mais
je ne crois pas qu'avant de reconnaître cette dette nous puissions nous
occuper de ce qui est relatif aux Pairs, de ce qui n'est que pure conces-
sion. Ce serait, je crois, intervertir l'ordre naturel de la discussion, que
de nous occuper des Pairs avant d'avoir établi les droits des anciens Sénateurs. M. le président me fait remarquer que mon amendement rentre
dans celui de M. Dupin : alors j'appuie de toutes mes forces la rédaction
de M. Dupin.

Séance du samedi 25 avril (page 619).

Amendement proposé par M. Viennet : — « L'arriéré dû aux anciens
« Sénateurs qui ne sont pas Pairs de France sera porté au passif de la do-
« tation du Sénat, et il sera prélevé la somme nécessaire pour acquitter
« cet arriéré. »

Discours du ministre des finances, (page 620, *même séance*).

Je n'examinerai pas si les réclamations des Sénateurs sont fondées :
c'est une question toute d'administration, de gouvernement ; la Chambre
ne juge pas des procès, elle n'examine pas si telle somme réclamée par
tel individu est due ; elle n'en fixe pas la quotité, et avant que cette quotité soit fixée, elle n'attribue pas un gage au payement de cette somme.
On ajoute : Mais où sera donc leur gage ? où sera le gage des créances
légitimes ? Il sera sur tous les contribuables, il sera placé sur tout ce qui
établit la fortune publique, et la fortune publique a, jusqu'à présent,
suffisamment répondu aux appels qui lui ont été faits. Le Trésor et tous
ses revenus répondent de toutes ces réclamations, quand une fois elles
seront reconnues et déclarées légitimes. Et que ferait une hypothèque sur
tel ou tel bien ? La règle générale n'est-elle pas que, quand un bien entre dans les mains de l'Etat, toutes les hypothèques disparaissent, et que
l'Etat doit sur tous ses biens, s'il est débiteur, et non pas sur tel ou tel
bien en particulier ?

AD MEMORANDUM.

Toutes ces loyales assurances, en décembre 1829, se sont évaporées
dans l'alambic de transfusion de la Liste civile au Trésor de l'Etat.

www.ingramcontent.com/pod-product-compliance
Ingram Content Group UK Ltd.
Pitfield, Milton Keynes, MK11 3LW, UK
UKHW022219070726
13613UKWH00004B/1769